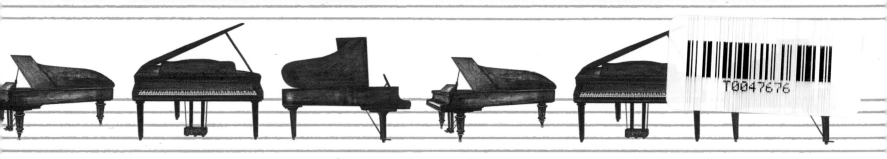

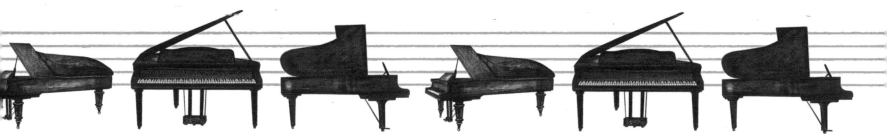
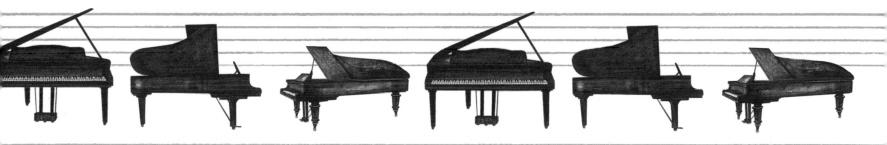
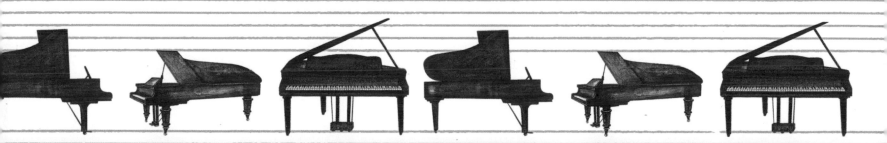

Este título incluido en **Nuestros Ilustres** —la serie de biografías de destacados personajes de los ámbitos de la ciencia, la cultura y la historia— pretende servir de soporte cultural y educativo, así como de apoyo extracurricular a diversas asignaturas, con el objetivo de promover el conocimiento, la investigación, la innovación, el talento y la divulgación. Cada título aproxima a los niños a un personaje cuya trayectoria ha contribuido significativamente al desarrollo y a la calidad de vida de nuestra sociedad.

Guía de lectura

- Citas de la protagonista
- Citas de otros personajes
- Información más detallada

Textos
Alicia Torra de Larrocha

Ilustraciones
María Padilla

Dirección de la colección
Eva Moll de Alba

Adaptación a Lectura Fácil
Elisabet Serra

Diseño
Anna Bosch

Maquetación
Sara Latorre

© Vegueta Ediciones
Roger de Llúria, 82, principal 1ª
08009 Barcelona
www.veguetaediciones.com

Primera edición: enero 2020
Segunda impresión: julio 2020

ISBN: 978-84-17137-47-2
Depósito Legal: B 28146-2019
Impreso y encuadernado en España

Este logotipo identifica los materiales que siguen las directrices internacionales de la IFLA (International Federation of Library Associations and Institutions) e Inclusion Europe en cuanto a lenguaje, contenido y forma, a fin de facilitar su comprensión. Lo otorga la Asociación Lectura Fácil. (www.lecturafacil.net)

FSC
www.fsc.org
MIXTO
Papel procedente de fuentes responsables
FSC® C111592

CEDRO

La pianista de manos mágicas

Alicia de Larrocha

Alicia Torra de Larrocha
María Padilla

¡Hola!
Me llamo Alicia de Larrocha.
Quizás no me conozcas.
Tal vez te suene mi nombre, pero no sepas de qué.
Ahí va una pista: me encanta tocar el piano.

¿Te parece difícil tocar un instrumento?
¿Y leer esos libros llenos de rayas y puntos
a los que llamamos partituras?
A mí, las partituras siempre me llamaron la atención.
Desde pequeña me sentí fascinada por la música,
y, a medida que fui creciendo, fue aumentando
mi pasión por ella.

Mi tía Carolina, Nina-mona para la familia,
me escribió una carta cuando yo tenía 10 años.
En esa carta me explicaba cómo fueron mis comienzos
en el mundo de la música,
el mundo que tantas alegrías me ha dado.
Y es que me siento muy afortunada
por haber podido dedicarme a lo que más me gusta.
De hecho, todos podemos hacerlo: basta con esforzarnos
y tener algo de suerte. No es tan complicado.

Me gustaría compartir mi historia contigo.
Contarte lo que me explicó mi tía en aquella carta
y todo lo que ocurrió después.
¿Te apetece descubrirlo?

«Espero tener otra vida para poder seguir dedicándome plenamente a la música».

Alicia de Larrocha

Todos los niños tienen un juguete preferido.
Yo, con apenas un año, decidí que el mío
sería el piano de mi tía Carolina.
Al principio me gustaba escuchar el sonido
que salía de aquel instrumento
cuando apretaba las teclas.
Pero un día descubrí lo divertido que era arrancarlas
y hacerles garabatos con mis lápices de colores.

Al verlo, mis padres y mi tía se enfadaron tanto conmigo
que decidieron cerrar la tapa del piano con llave.
A mí me dio tanta rabia que me tiré al suelo
y empecé a golpearme la cabeza
hasta que me hice una herida en la frente.

«Tienes que aprender a cuidar las cosas que te gustan»,
me dijeron mis padres.

Y luego me prometieron que, si me portaba bien,
mi tía me enseñaría a tocar el piano.

♫

El piano

La palabra piano viene de
pianoforte, que en italiano
significa suave y fuerte. El
piano es un instrumento
musical armónico. Fue
inventado por Bartolomeo
Cristofori en torno al año
1700. Antes del piano existían
instrumentos similares como
la cítara, el monocordio, el
dulcémele, el clavicordio o
el clavecín.

Mi tía Carolina era profesora de piano.
Una tarde, al final de una clase,
cuando una alumna suya se levantó de la banqueta,
yo me senté delante del piano y, con las dos manos,
¡me puse a tocar los primeros compases
de la misma obra que habían estado ensayando!

Mi tía se quedó tan sorprendida
que me llevó a la academia donde trabajaba.
Quería que me escuchara el maestro Frank Marshall.

♫

Frank Marshall King
(Mataró, 1883 -
Barcelona, 1959)

Músico de origen inglés.
Fue discípulo de Enrique
Granados y se hizo cargo de
su academia tras su muerte.
En 1920, la Academia
Granados pasó a llamarse
Academia Marshall y es la
escuela donde Alicia de
Larrocha realizó todos sus
estudios musicales.

Frank Marshall había sido alumno de Enrique Granados,
uno de los compositores más famosos de nuestro país.
Después de oírme tocar,
el maestro Marshall quiso ser mi profesor.
Como yo era muy pequeña,
tuvo mucha paciencia conmigo
y me enseñó música como si fuese un juego.

Con sólo 5 años toqué en público por primera vez.
La actuación tuvo lugar en la Academia Marshall,
con motivo de una conferencia sobre los niños y el arte.
Interpreté 5 piezas y, al finalizar, hice alguna improvisación.

Parece ser que a los asistentes les encantó
y yo me divertí mucho. Todos dijeron que la actuación
había sido un éxito y los críticos señalaron
que yo tenía un talento excepcional.

♫

Enrique Granados
(Lleida, 1867 –
Canal de la Mancha, 1916)

Compositor, pianista
y pedagogo. Fundó la
Academia Granados en
1901. Compuso obras
para piano, voz y piano,
orquesta, así como obras
líricas y de cámara. Su
obra más famosa es
Goyescas. Murió en el
Canal de la Mancha, al
lanzarse al mar después
de que el barco en el que
viajaba fuera torpedeado.

Lo malo es que no tenía dónde practicar.
En mi casa no había piano.
Pero en casa de mi tía Carolina sí.
Mi tía vivía con otra tía y con mi abuela Joaquina
en el edificio de al lado y, por casualidad,
ambas viviendas estaban en el cuarto piso.
¡Sólo las separaba una pared!

Mi padre, que era muy ingenioso, tuvo una gran idea:
¡decidió hacer un agujero en la pared
y comunicar ambas casas!
Así, mis hermanas, mi hermano y yo podríamos ir a ver
a la abuela y las tías sin tener que bajar a la calle
y cambiar de portal. Ninguno de los 2 pisos tenía ascensor.
Además, ¡yo podría tocar el piano cuando quisiera!

Y es que a mi padre se le ocurrían cosas increíbles.
Una vez transformó una habitación de la casa
en una sala de juegos con cocina y salita.
Y construyó, a nuestra medida, todos los muebles
necesarios para decorarla. Allí y en la azotea
pasábamos horas jugando.

«La música, para mí, es como el alimento de mi vida. Si no hubiera sido pianista, y no me hubiera estropeado la voz cuando era joven, me hubiera gustado ser cantante».

Alicia de Larrocha

♫
Familia musical
La familia de Alicia tenía una gran cultura musical. Su madre y su tía Carolina fueron discípulas de Enrique Granados y su padre era aficionado a tocar el violín. Su querida tía Carolina, descubrió el talento excepcional de la pequeña Alicia para la música.

Además de jugar, seguí estudiando música
y aprendiendo a tocar el piano con el maestro Marshall,
que me daba consejos muy sabios.
Y así fue pasando el tiempo.

Aunque había tocado varias veces en público,
di mi primer concierto importante a los 11 años
interpretando un concierto para piano
y orquesta de Mozart en el Palacio Municipal
de Bellas Artes de Barcelona.

Al cabo de unos meses, volví a tocar el mismo concierto,
en el mismo lugar y con la misma orquesta
y, un año después, lo toqué en Madrid.
Recuerdo que el director de la orquesta
tenía una barba muy larga
y que, aunque era muy amable,
me causaba mucho respeto.

Primeros conciertos

Alicia dio su primer
concierto con orquesta el
28 de octubre de 1934 en
el Palacio Municipal de
Bellas Artes de Barcelona.
Tenía 11 años. Interpretó
el *Concierto para piano
y orquesta nº 26 K. 537*
de Mozart con la Banda
Municipal de Barcelona.
El director de la banda
era Joan Lamote de
Grignon. Y en abril de 1936
lo interpretó en Madrid,
en el Teatro Calderón,
acompañada de la
Orquesta Sinfónica dirigida
por Enrique Fernández
Arbós, uno de los mejores
músicos españoles del
momento.

Sólo fui al colegio dos años
porque el maestro Marshall les propuso a mis padres
que yo estudiara en la misma academia de música.

Su mujer, Teresa Cabarrús,
fue la encargada de enseñarme cultura general.
Teresa tenía muchos amigos escritores y, gracias a ella,
conocí y leí a los grandes clásicos de la literatura.

Más adelante, unas amigas de mi familia me enseñaron
algo de francés.

«El deseo de toda mi vida
ha sido hacer música,
gozar de la música y
hacer gozar de la música».

Alicia de Larrocha

Cuando estalló la Guerra Civil, yo tenía 13 años.
La guerra duró 3 años, 3 años horribles.
El maestro Marshall tuvo que marcharse de España
y yo tuve que interrumpir mis estudios de piano.
Durante ese tiempo aproveché para profundizar
en el estudio de la armonía y la composición.

Fue entonces cuando compuse algunas obras.
Componer melodías me gustaba y me divertía.
Era una manera de olvidar las dificultades que vivíamos.
Pese a todo, echaba de menos a mi maestro.
Lo quería y lo admiraba, y su ausencia se me hizo eterna.

«No me gusta el término *niña prodigio*; se lo ha inventado la gente para explotar a cualquier niño con aptitudes. Mi familia y mi maestro fueron excepcionales, ya que me dejaron desarrollar mis cualidades sin prisas y con toda normalidad».

Alicia de Larrocha

La Guerra Civil

La Guerra Civil española comenzó en julio de 1936, cuando una parte del ejército dio un golpe de Estado contra el gobierno democrático de la República. Después de tres años de cruenta lucha, la República fue derrotada y el general Franco instauró una dictadura que acabó en el año 1975 tras su muerte.

Cuando terminó la guerra,
el maestro Marshall volvió a Barcelona.
Imaginaos lo alegre y feliz que me sentí.
¡Por fin iba a poder continuar estudiando piano!

Dos años después, la Academia Marshall se trasladó
a un piso más grande. Recuerdo que me pareció
un palacio. ¡Aunque debo reconocer que siempre
he sido algo exagerada!
Por aquel entonces, yo ya tenía 17 años.

Mientras estudiaba, empecé a dar clases en la academia
y, al mismo tiempo, ofrecía conciertos.
La mayoría de actuaciones eran
en Barcelona y sus alrededores,
pero también en otras ciudades importantes
como Madrid, Valencia o Bilbao.

En esa época conocí a Joan Torra.
Joan era un estudiante de piano un poco tímido
que había asistido a algunos de mis conciertos
y me admiraba.
Le propuse que perfeccionara su técnica
con el maestro Marshall.
Poco a poco nos hicimos amigos
y empezamos a salir juntos.
Como yo era una persona muy romántica,
compuse varias obras y se las dediqué.
¡Quería demostrarle cuánto le quería!

♫
Manos menudas

Alicia de Larrocha era
pequeña de estatura y tenía
unas manos menudas, pero
muy elásticas. Siempre
estaba haciendo ejercicios
de estiramiento en
cualquier sitio, para abrir
al máximo sus manos. «Estos
dedos meñiques son los
que me salvan», explicaba
la artista. Y es que los tenía
más largos de lo habitual.

Joan y yo dimos varios recitales juntos.
Un día, sin embargo, me dijo que había decidido
dejar de tocar en público.

«A partir de ahora —me explicó— daré clases de piano
y te ayudaré para que tú puedas dedicarte por completo
a dar conciertos».

¡Y así fue!

«Para mí, el dedicarse a la
música no ha de ser una
carrera, sino una vocación
en la que el desarrollo del
espíritu, de la técnica y de
la mente, van aparejados
con la vida».

Alicia de Larrocha

La primera vez que salí al extranjero, con 24 años,
fue para ir a Suiza, dar algún recital y, de paso,
presentarme a un concurso. Aunque me eliminaron
en la primera ronda, no me desanimé y seguí estudiando
y tocando, aún con más ganas.

Pese a todo, guardo un buen recuerdo
de aquella experiencia porque mi amiga,
la soprano Victoria de los Ángeles,
ganó el primer premio de la sección de canto.
¡Me hizo muy feliz poder estar a su lado
en un día tan importante para ella!

♫

Victoria de los Ángeles López García
(Barcelona, 1923-2005)

Una de las cantantes más importantes de la segunda mitad del siglo XX. Descubrió su vocación musical muy joven. En 1947 ganó el Concurso Internacional de Canto de Ginebra. El premio impulsó su carrera profesional que fue larga y llena de éxitos.

Después de salir juntos unos cuantos años,
Joan me pidió que me casara con él.
«¡Ya era hora!», pensé.
Pero no le contesté al momento.
Para darle más emoción,
le dije que le daría la respuesta durante un concierto.
Si tocaba cierta pieza, sería que sí.
Y si no la tocaba, que no.
¡Y la toqué!

Una vez casada continué estudiando
y seguí ofreciendo conciertos por Europa.
Un pianista debe estudiar y practicar durante toda la vida.

En 1954 me invitaron por primera vez
a dar una gira de conciertos en Estados Unidos.
¡Me hizo mucha ilusión viajar a América!
Al año siguiente, regresé a Nueva York
para grabar unos discos y dar un recital,
pero después, estuve 10 años sin volver a tocar en ese país.

«No me molesta viajar. Al contrario, me gusta y lo necesito. Cuando llevo 6 días en una misma ciudad, me entran ganas de volver a hacer las maletas. Llegó un momento en el que viajaba tanto que, cuando me preguntaban dónde vivía, yo decía, en broma, ¡en los aviones!».

Alicia de Larrocha

A pesar de ser madre, seguí trabajando
y dando conciertos. Pude hacerlo gracias a Joan,
que cumplió su promesa y se encargó de nuestros hijos:
Juan Francisco, al que llamábamos Kiko,
y Alicia, dos años más pequeña.
Eso sí, tengo que reconocer que se me rompía el corazón
cada vez que me veía obligada a separarme de ellos.

En 1959 murió el maestro Marshall y me puse muy triste.
Entre concierto y concierto,
yo había seguido dando clases en la academia.
Ahora que el maestro había muerto,
acepté el cargo de directora.
Él mismo me lo había pedido antes de morir,
y sentí que era mi deber continuar su labor como profesor.

Dirigir la academia era una responsabilidad enorme
y, además, yo tenía la agenda llena de conciertos.
Pero tuve la suerte de contar
con un equipo de personas increíbles que trabajaban
para que todo funcionara cuando yo no estaba.

♫

Academia Marshall

Es una escuela de música de Barcelona que existe desde hace más de 100 años. La fundó Enrique Granados en 1901 y Frank Marshall le sustituyó en 1920. Alicia asumió la dirección en 1959, cuando murió Marshall. Además de supervisar el programa de estudios, impartía clases de piano cuando su agenda de conciertos se lo permitía. Desde 2009, la pianista y discípula de Alicia, María Zabaleta, es la directora de la academia.

En 1964 mi vida dio un giro muy importante.
Recibí una oferta para volver a los Estados Unidos
a dar conciertos y recitales todos los años.
Como es un país tan grande, iba tres veces al año
y me quedaba allí 2 o 3 meses cada vez.

En uno de aquellos viajes me llevé un buen susto
y llegué a pensar que mi carrera como
pianista había terminado.
Ocurrió en Montreal, una ciudad de Canadá.
Cuando abrí la puerta de un taxi,
noté un dolor muy fuerte en el pulgar de la mano derecha.
Resulta que, sin yo saberlo, tenía un quiste
que me había desgastado el hueso del dedo
y, al apretar la palanca de la puerta,
el hueso se aplastó.

Pese a todo, ¡tuve mucha suerte!
Un gran médico de Barcelona, el doctor Trueta,
me atendió y consiguió reconstruirme el hueso
en una complicada pero exitosa operación.

Desde luego, tuve que anular muchos conciertos,
pero aproveché la convalecencia para estudiar
obras de piano compuestas sólo para la mano izquierda
y las incorporé a mi repertorio.
En cuanto me recuperé, volví a los escenarios,
pero antes, quise darle las gracias al doctor,
ofreciéndole un recital en su casa.

«Lanzó sus pequeñas manos furiosamente sobre las teclas para emitir las notas como una fábrica brillante de colores y sonoridades».

Revista *Time* tras el recital en el Carnegie Hall de Nueva York. (15/12/1967)

«Alcanzó el reconocimiento de ser la más importante pianista femenina, y ha sido calificada como la más pequeña gran pianista del mundo».

Revista *Newsweek*

Entonces, unos años después, Joan enfermó.
Cuando murió mi marido,
me sumí en una de las épocas más tristes de mi vida.

Había muerto mi héroe,
la persona que lo había dado todo por mí.
Gracias a él había podido dedicarme a la música
sin tener que renunciar a mi familia.

Durante aquellos días tan duros,
me sentí incapaz de continuar trabajando.
Por suerte, recibí el apoyo de mis hijos, ya mayores,
y de todos mis amigos y pude refugiarme
en lo que mejor conocía: la música.
La música me dio la fuerza necesaria para recuperarme
y seguir dando conciertos por todo el mundo.

A lo largo de mi carrera ofrecí conciertos
en los 5 continentes: Europa, América, Asia, África y Oceanía.
Viajé tanto que llegué a tener la sensación
de que vivía en los aviones. Me encantaba viajar.
Aunque me costaba mucho alejarme de mis hijos y amigos,
no me importaba viajar sola ni estar haciendo
y deshaciendo continuamente maletas.

¡Todavía recuerdo muchas anécdotas de aquellos viajes!

«Para mí, la dificultad no está en el hecho de ser mujer, sino en la posición de la mujer en la sociedad. Cuando formas una familia y un hogar, es difícil compaginarlo con el trabajo, sobre todo cuando pasas tantos meses fuera de casa. Yo tuve la suerte de contar con la gran ayuda de mi marido».

Alicia de Larrocha

Durante una gira por África, por ejemplo,
perdí un avión y tuve que viajar en una avioneta
que me dejó en una pista de aterrizaje muy pequeña.

«Vaya a esa cabina de teléfonos —me dijo el piloto—,
y espere allí dentro hasta que vengan a recogerla».

Yo no entendía por qué me pedía aquello.
¡Pero resulta que era la hora
en que los animales salvajes salían de caza!
Aunque en realidad no tardaron mucho
en venirme a buscar, ¡la espera se me hizo interminable!

Durante otro concierto en España,
en la época de la posguerra,
oí que la gente del público murmuraba.
Pero hasta que no acabé de tocar,
no me enteré de lo que pasaba:
resulta que una rata
se había estado paseando por el escenario.
¡Cómo me alegré de no haberla visto!

Lo que me da mucha rabia es haberme perdido
el nacimiento de mi primera nieta.
Estaba de gira por Puerto Rico y no pude volver
a Barcelona hasta unos días después.
La familia me envió una foto para que le viera la cara.
¡Qué ganas tenía de conocerla!

«Para un pianista, el cerebro es el jefe, el oído el empleado y las manos la herramienta».

Alicia de Larrocha

A finales de la década de los 90,
me planteé dejar de dar conciertos.
¡El año 2000 era una cifra redonda y me parecía perfecta!,
pero no pudo ser porque había firmado contratos
con 2 o 3 años de antelación y tuve que esperar.
Entonces decidí no firmar ninguno más
y, finalmente, pude despedirme de los escenarios.
Yo ya tenía 80 años y no volví a tocar
en público nunca más.

Sin embargo, no abandoné la música.
Era mi mundo y no sabía vivir sin ella.
Así que continué dando clases en la Academia Marshall
y en otras escuelas de los Estados Unidos, Francia e Italia.

En octubre de 2004 sufrí un accidente doméstico
y me rompí el fémur. Aunque me operaron,
desde entonces necesité siempre ayuda para caminar.

Mientras la salud me lo permitió, seguí dando clases
en mi casa, pero, poco a poco, igual que la música
acaba en silencio, mi vida se fue apagando.
Morí tranquila y en paz a los 86 años.

Cuando pienso en mi vida, me siento muy afortunada.
Al fin y al cabo pude dedicarme a la música,
mi gran pasión. Como dice la canción de Violeta Parra:
«Gracias a la vida, que me ha dado tanto».

Espero que conocerme un poco más te anime
a perseguir tus sueños. Ya sabes, solo hace falta esforzarse
y tener un poco de suerte.

🗨
«Lo primero que hago al llegar a una ciudad es preguntar dónde hay un piano para poder estudiar».

Alicia de Larrocha

🎵
Imparable

En sus más de 70 años de carrera, Alicia de Larrocha dio más de 4.000 conciertos y realizó aproximadamente un centenar de grabaciones. Actuó en 57 países de los 5 continentes. En 1978, llegó a tocar hasta 16 veces en la ciudad de Nueva York.

La protagonista

1923

Nace en Barcelona el 23 de mayo en una familia con mucha cultura musical. Su madre había sido discípula de Enrique Granados y su padre era aficionado a tocar el violín. Su tía Carolina, a la que llamaban Nina-mona, fue su primera profesora de piano.

1929

Primera audición pública en la Academia Marshall. El 28 de octubre de 1934 toca su primer concierto en Barcelona con la Banda Municipal de la ciudad. Y en abril de 1936 se estrena en el Teatro Calderón de Madrid, acompañada de la Orquesta Sinfónica.

1950

El 21 de junio, se casa con Joan Torra en la Basílica de los Santos Justo y Pastor de Barcelona. Tienen dos hijos, Juan Francisco, que nace en 1957, y Alicia, dos años más tarde. En 1959 asume la dirección de la Academia Marshall.

Otros catalanes ilustres

1815-1876

Ildefonso Cerdá
La ciudad del futuro

1919-1998

Joan Brossa
Atrapo una letra y pongo el mundo del revés

1964

Comienza a hacer tres giras anuales por Estados Unidos, llegando a actuar hasta 16 veces en Nueva York en un solo año. Participa en los más prestigiosos festivales de todo el mundo, con grandes orquestas y con directores de fama mundial.

2003

Después de más de 4.400 conciertos y de un centenar de grabaciones, se retira de los escenarios a los 80 años. Da sus últimos conciertos en Barcelona, Japón, Nueva York, Chicago, Montreux (Suiza) y el último en Jerez el 29 de noviembre de 2003.

2009

Continua impartiendo clases magistrales en la Academia Marshall y en escuelas de Estados Unidos, Francia o Italia, hasta que se rompe el fémur en 2004 y tiene que ser operada. Fallece en Barcelona a los 86 años.

1920-2009

Vicente Ferrer
Un sol en la India

1923-2009

Alicia de Larrocha
La pianista de manos mágicas

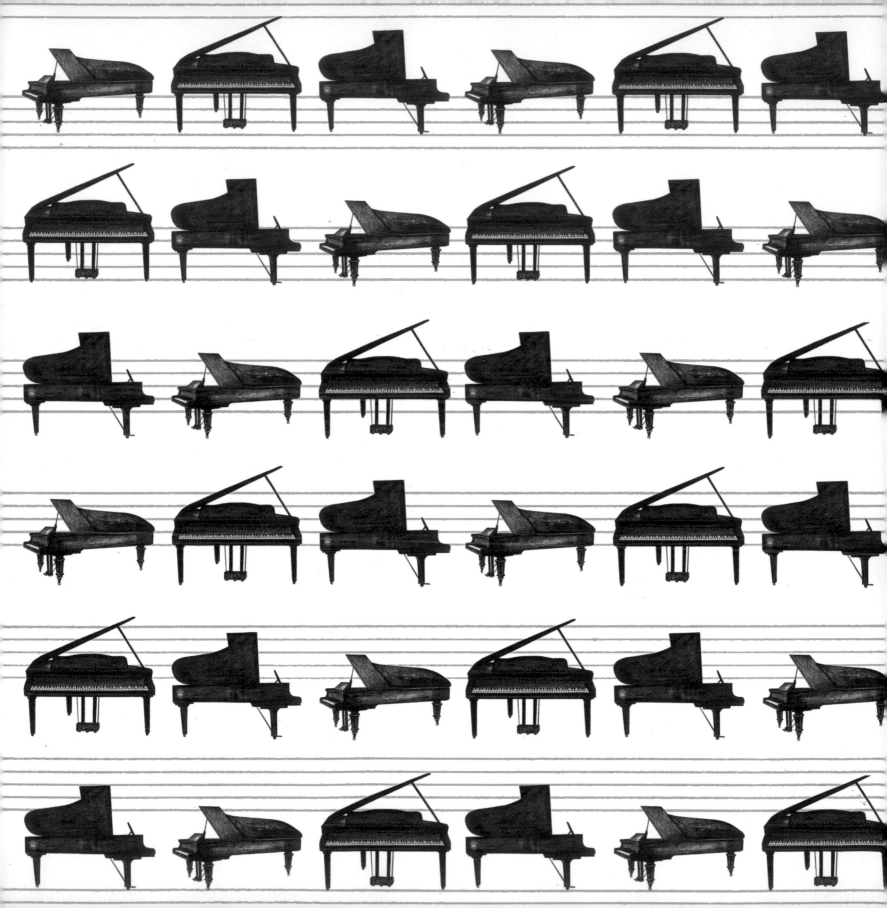